Mundo:

33 Poemas

Saldira Saldanha

NONSUCH MEDIA PTE. LTD.

Este livro é inteiramente uma obra de ficção. Qualquer semelhança com pessoas reais, vivas ou mortas, acontecimentos ou localidades é inteiramente coincidente.

Todos os direitos reservados. Nenhuma parte desta publicação pode ser reproduzida, armazenada ou transmitida sob qualquer forma, ou por qualquer meio, eletrónico, mecânico, fotocopiador, gravação, digitalização, ou outro, sem autorização escrita da editora. É ilegal copiar este livro, afixá-lo num website, ou distribuí-lo por qualquer outro meio sem autorização.

Para solicitar permissões, contactar a editora em info@nonsuchmedia.com.

ISBN: 978-1-954145-70-2

Primeira edição publicada em 2022

Título: Mundo: 33 poemas

Autora: Saldira Saldanha

Editore: A. Lee

Design de Capa: Elisa Reis para Nonsuch Media Pte. Ltd.

Execução Gráfica: Elisa Reis para Nonsuch Media Pte. Ltd.

Copyright © 2022 Nonsuch Media Pte. Ltd.

O autor fez todos os esforços para fornecer informações precisas no momento da publicação; nem a editora, nem o autor assumem qualquer responsabilidade por erros ou por alterações que ocorram após a publicação. Além disso, a editora não tem nenhum controlo e não assume nenhuma responsabilidade pelo autor ou websites de terceiros, ou pelo seu conteúdo.

Índice

O Planeta 8
Árvore dos Debates Atuais 12
As estrelas do momento 14
Direitos humanos 18
Significado de direitos humanos 20
A desigualdade dentro de uma carapaça 22
Livres da desigualdade social e da injustiça 24
Justiça e lei 26
Exclusão social 28
O racismo é como uma hiena 30
Discriminação 32
A sustentabilidade 34
Sustentabilidade é como uma floresta 36
Democracia 38
Fénix que pode nascer da democracia 40
Princípios e valores 42
A Educação permite-nos voar como uma águia 44
Educação…o profundo conhecimento do mundo 46
Aprisionamento mental 48
Sabedoria para lidar com mundo exterior 52
O malabarismo do mundo exterior 54
Como chegar à igualdade dos seres humanos 56
As misérias do mundo exterior 58

A pressão social 60
A Arte 64
O impacto a arte no mundo..66
Linguagem 70
Violência 72
Por que violência? 74
O poder da escrita...76
Qual a imagem moderna do mundo 80
Abraços ao mundo 82
O silêncio tem de ser quebrado...84

O Planeta

Terra, minha amada,
Estou fascinada com tanta beleza natural!
Abrange tanta diversidade,
As lindas estrelas, cometas e planetas que o Sol orbitam.

Águas claras e profundas, montanhas altivas,
Campos verdes e céus azuis que nos encantam com o seu brilho.
Vida marinha que nos fornece alimento sustentável,
Tantas espécies que nos rendem e alegram.

Ame os recursos renováveis e saiba que não são infinitos,
Cuide das florestas no seu 'habitat'.
Limite o uso de energia dos combustíveis fósseis,
E aumente a consciência nas decisões ambientais.

Plantemos árvores, com o coração empenhado,
E não somente as que dão frutos, mas as que nos abrigam.
Desliguem a luz quando não for usada,
Economizem água, em cada toalha molhada.

Reciclem o que for possível,
Não desperdicem alimentos no prato cheio.
Incentivem a preservação dos mares e oceanos,
Tornando-nos nuns verdadeiros defensores.

Há tanto que podemos fazer pelo Planeta,
Apenas a reciclar as nossas antiguidades.
Podemos evitar que o lixo se acumule,
Certifiquemo-nos que o que fazemos seja feito com cuidado.

Não é difícil reciclar tudo o que precisa,
É um contentor azul e alguma disciplina.
Contribuamos e façamos a nossa parte,
Por um mundo melhor, e um planeta saudável.

Basta pensar em todo o plástico do mar,
Os golfinhos e as baleias que mata.
Se não começarmos a reciclar agora,
Dentro de cinquenta anos tudo piorará.

Reutilizar todo aquilo que nos serve,
Como as embalagens, papel e plástico.
Compreender que temos de nos adaptar,
E preservar o equilíbrio do planeta para sempre.

Vamos juntos acabar com as queimadas,
Que destroem tanta natureza e vida.
Não deitem lixo nas ruas ou parques,
Dificulta o futuro melhor para todos.

Sentir o impacto da nossa ação,
Ao reduzir e reciclar o nosso lixo.
Lutar contra tudo que destrói a natureza,
E poupar energia e conservar água.

Esforços de todos são necessários,
Para proteger a Terra e salvar os oceanos.
Reciclar materiais é mais do que economia,
É preservar o meio ambiente com cada atitude.

Abram os olhos,
E admirem o mundo bonito, verde e infinito!
Preservem o planeta, que é único,
E habitado pelo homem há muitas gerações.

As nossas ações decidem o seu destino,
Eternizando assim grandes memórias.

Árvore dos Debates Atuais

Enquanto as folhas deslizam,
　Balançando ao vento como se estivessem a dançar,
　Trazem consigo assuntos de discussão,
Sobre os debates atuais no ar.

A árvore dos debates atuais se ergue grandiosa,
O seu tronco crescendo mais forte a cada ano,
No topo, a coroa cheia de densas folhas,
Através das quais chegam os debates atuais.

Do meio da terra às alturas,
Uma variedade de assuntos e questões são estabelecidas.
Da escassez de água ao aquecimento global,
Do racismo ao sexismo e direitos LGBT.

Alguns dos debates atuais são difíceis de alcançar,
Mas todos se unem para formar uma única árvore,
Uma árvore que cresce diariamente,
E lembra-nos de que temos muito com o que nos inquietar.

A árvore dos debates atuais revisita aqueles conteúdos,
Que muitas vezes são ignorados ou suplantados,
Mas que devem ser debatidos e tratados com premência,
Para alcançarmos um mundo de veemência.

Árvore dos debates atuais,
Fica aqui o nosso profundo reconhecimento,
Somos chamados a participar,
Com união podemos transformar.

A árvore dos debates atuais,
Da luta pelas liberdades individuais,
Às desigualdades de género,
E da proteção dos direitos humanos ao racismo.

Árvore dos debates atuais,
As suas folhas se agitam no ar,
Apesar de todas as diferenças e desafios,
Trazem à luz questões pertinentes!

As estrelas do momento

Olhando e parando para admirar o céu,
Questiono-me o que as estrelas escondem.
Na profundidade espiritual, sou convidada,
À consciencialização e reflexão sobre os temas do mundo.

Vemos luzes brilhantes que nos guiam,
Aconselhando-nos a ver a grandeza da vida.
A beleza da sua cor resplandece em todos os lados,
Incentivando-nos a continuar a nossa caminhada.

Ao olhar para as estrelas, recordamos,
A união e o amor que todos devemos repartir.
Encontramos a ligação entre nós e os seres vivos,
E entendemos a importância da preservação da criação.

O brilho das estrelas mostra-nos o caminho certo,
A esperança que vive nos nossos corações.
É uma lembrança de que todos somos parte da mesma história,
E temos um papel a desempenhar na construção de um mundo melhor.

Olho para o céu estrelado e sinto-me abençoada,
Por ter as estrelas como guias na minha vida.
Com as suas mensagens de amor unem-nos,
E ajudam-nos a ponderar sobre os temas do mundo.

Que possamos inspirar-nos na sabedoria eterna,
Refletir sobre questões globais,
Direitos humanos e desigualdades,
E a própria sustentabilidade.
Racismo, discriminação e inclusividade,
Justiça climática e compreensão!

Este momento é de grande relevância,
Onde mudanças são carecimentos.
Os direitos humanos encaminham-nos,
Racismo, discriminação e desigualdade abafam!

Sustentabilidade para o meio ambiente preservar,
Justiça climática uma realidade a gerar.
Respeito e compreensão, a união nos impulsiona.
Quem sabe assim a paz global se vislumbra!

Direitos humanos, ninguém os pode ignorar.
Devemos sempre auxiliar, e as desigualdades lutar!
Respeito é o que exigimos a todos aqui presentes,
Para podermos eliminar as barreiras e dissabores latentes.
Sustentabilidade, o meio ambiente conservar,
A natureza possamos ver florescer!
Uma economia que não destrua as condições bióticas,
Batalhemos para alcançar e contemplar!

Racismo, discriminação têm de terminar,
Uma educação inclusiva é o que queremos ver.
Todas as pessoas são iguais, e é o que devemos defender!
Não permitir que nenhum preconceito perdure mais!

Justiça climática, a modificação é de obrigar,
As alterações climáticas são o que terão de parar.
Solidariedade com aqueles que cada dia sofrem,
Uma força de vontade para um mundo soberano!

Respeito é o que nos une, compreensão e paz para espalhar,
Independentemente de onde vimos, todos juntos caminhar.
Uma luta que nos una, um ideal a conquistar,
Para que o planeta viva em harmonia!

Mundo melhor é o que buscamos como realidade.
Sempre há esperança, lutaremos com dignidade!
Unamos as nossas mãos,
E usar a poesia como forma de expressão.

Focando em temas que são significativos.
Vamos juntar-nos, e a nossa vontade revelar!
Através da união, sem discriminar,
Todos os direitos devem ser defendidos.

Pela justiça, igualdade e paz no mundo.
Nunca desistamos dos nossos direitos,
E os defendamos com muito amor,
Que um dia a justiça reine!

Direitos humanos

Direitos humanos,
Tão preciosos e tão essenciais.
Verdadeiro presente de Deus,
E a cada existência dada a oportunidade para os ter.

Moralmente certo e legalmente obrigatório,
De nós defendidos e dos outros exigidos.
Aceitação de todos é essencial,
Respeito por todos, assim como os seus direitos.

A vida humana é sagrada e preservada,
A liberdade é uma dádiva a nunca omitir.
Sem discriminação de nenhum género,
Todos merecem o direito de viver com honorabilidade.

O amor pela verdade e pela justiça,
O direito à educação e ao desenvolvimento,
Os direitos económicos e sociais,
Todos são necessários para um mundo pacífico.

Lembrar dos direitos humanos é nosso dever,
Lutaremos juntos contra o mal e o medo.
Defendamos e cuidemos destas emancipações!

Que venha a paz e a justiça para todos nós!
Os direitos humanos são essenciais para nos unir.
Reconheçamos e defendamos os direitos humanos!

Significado de direitos humanos

Todas as pessoas são criadas iguais,
Foi o que disseram os nossos fundadores.
Todos temos o direito à vida, à liberdade,
E à busca da felicidade.

Estes são os nossos principais direitos,
E nunca devem ser esquecidos.
Todos temos o direito de dizer o que pensamos,
E nunca devemos ter medo do que dizemos.

Temos de defender as nossas crenças,
E lutar por aquilo que acreditamos ser correto.
A justiça deve ser feita,
E a igualdade deve ser sustentada.

Estes são os valores que defendemos,
E nunca os esqueceremos.

Sem relevância de raça, idade ou orientação sexual,
Respeitaremos e trataremos de forma imparcial.

As nossas vozes unidas irão criar uma força poderosa que não pode ser ignorada!

A desigualdade dentro de uma carapaça

Enquanto a vida passa, nada há a encapotar. A desigualdade existe, e é um dos mais profundos poços. Crava-se no nosso peito, e está presente em todos os lugares.

Muitas vezes invisível, mas sempre presente.
Uma carapaça para guardar toda a miséria e injustiça.
Aqueles que sofrem com ela,
O tempo passa, mas permanece estática.
Diariamente se enraízam no coração de uma criança.
Quando parece desaparecer, continua a assombrar.
Por mais que nos esforcemos por escondê-la, revelar-se-á.
Não há maneira de escaparmos deste pesadelo.
A desigualdade é tão profunda e difícil de contornar,
Mas não pode ser ignorada, continuará a assombrar,
É uma verdadeira maldição que devemos enfrentar,
E se não a vencermos, sempre nos lembrará,
Das consequências de uma sociedade desigual e injusta.
Mas ainda há esperança para os que sofrem atualmente.
Encontraremos a liberdade debaixo da carapaça.
O nosso dever é olhar mais além, e buscar o equilíbrio.
Ignorar o medo e correr para uma oportunidade igualitária.
Para sonhar e conquistar.
Acabar com a desigualdade e a carapaça quebrar.
Um mundo igualitário é a única saída.
Acabemos com a desigualdade,
E sejamos os líderes de uma nova época.

Livres da desigualdade social e da injustiça

A lei e a justiça não são imparciais,
Diferentes sentenças para recursos distintos.
Os mesmos crimes punidos desigualmente,
Numa pena diferente para cada estrato social.

Uma desigualdade que cresce a cada dia,
E deixa o sistema de justiça abalado e tão frágil.
Enquanto isso as nações se tornam violentas,
Apesar dos anos de esforço, nada se alcança.

Mas o que podemos fazer para contornar?
O que pode trazer a justiça de volta à terra?
De modo que o direito seja para todos os homens.
Onde todos os crimes recebam a mesma pena.

Para podermos criar um mundo de paridade,
Defendamos direitos iguais,
E assim banir a desigualdade social,
Uma lei e justiça para todos.

Garantir que a lei e justiça sejam iguais,
Então, todos os homens viverão em paz e justiça,
Finalmente, livres de medo e desigualdade.

Justiça e lei

Justiça e lei andam de mãos dadas,
Envolvem-se como se fossem amigas,
Revisitam um sentimento profundo,
Assim que a verdade é encontrada no fundo.

É a justiça que orienta o carreiro,
Que nos mantém unidos e não desunidos,
Elegância e compaixão são suas armas,
Fortalecendo os laços entre as criaturas.

Enquanto isso, a lei nos defende,
Não se rende nem cede às pressões.
A sua força e ferocidade são conhecidas,
Mantendo a paz em todas as nações.

Essa é a união entre justiça e lei,
Que nos dá segurança e autonomia.
Com elas não há espaço para a injustiça,
Somente equilíbrio e justiça.

Justiça e lei são maiores que qualquer homem,
Um farol que ilumina a verdade a todo o instante,
A sua força combate o mal nas nossas vidas,
Levando a salvação e reconciliação das nossas almas.

A sua luz nos guia para um mundo melhor,
Deixando o mal e a insanidade para trás,
A justiça e lei estão aqui para nos proteger,
Como um anjo que vem nos livrar do perigo.

As duas forças trabalham em harmonia,
Dando-nos ânimo e segurança na nossa andança.
Discursemos para que a justiça e lei prevaleçam,
E vivamos em paz e simetria.

Exclusão social

Não importa a cor do meu cabelo,
A minha pele ou quem eu sou.
Eles vêm e arrancam-me tudo o que há de bom,
E então dizem-me para ir embora.

Por trás desta muralha de isolamento,
Eu não posso respirar.
Por mais que grite e peça socorro,
Ninguém me ouve e desisto de batalhar.

Declaram que sou inferior porque não tenho dinheiro,
Afirmam que não posso movimentar-me.
Ignoram as minhas habilidades e talentos,
Mas sei que tenho de me transformar.

Estou cansada desta segregação,
Destes muros que me prendem.
Estou exausta deste julgamento injusto,
Da falta de esperança e de lágrimas na minha face.

Sei que não estou sozinha,
Que há uma multidão sofrida,
Mas não nos renderemos nem soframos,
Encontremos a liberdade juntos.

Lutarei pelo amor e pela união,
Pela igualdade e pela aceitação.
Para que ninguém mais tenha de sofrer,
E viver em euritmia.

Combaterei para que a exclusão social acabe,
Para que um dia possamos desfrutar da igualdade,
E encontrar novamente a liberdade.

Um mundo onde a esperança prevaleça.
Um planeta onde todos possam usufruir da emancipação,
E não mais sofrer exclusão social.

O racismo é como uma hiena

A hiena ri, sem nenhuma piedade,
Para os que são injustamente tratados com desdém.
A hiena ri enquanto as letras de liberdade são escritas a vermelho,
Na parede dourada dos preconceitos.

A hiena disputa e ri mais alto,
Ontem, hoje e amanhã, garante que nada imutará.
Quando as cadeias de opressão são rompidas,
E o direito de igualdade é conquistado.

Ela ri o quão longe estamos da igualdade,
Racismo, discriminação e opressão vigoram desde sempre,
Mas encontra-se indiferente às nossas expectativas,
E ao nosso clamor pelos direitos.

A hiena sabe que a história se vai escrever,
Mas escarnece tão alto que desanima.
Somos constrangidos a aceitar que a liberdade é distante,
E ela continuará aqui.

A hiena ri para cada passo que damos na direção certa,
Ela sabe que no fim nada mudará,
Mas quando lutamos com ardor,
O mundo será mais livre para todos!

Enquanto a hiena troça e escarnece dos nossos esforços,
Lembre-se que não pode vencer esta luta.
A sua força é apenas um eco de resistência,
Mas a nossa é tão poderosa quanto o sol a brilhar alto no céu.

Alcançaremos a verdadeira liberdade,
Deixemos que a hiena ria, mas façamos a justiça ecoar.
Quando os direitos humanos forem glorificados,
A hiena calar-se-á!

Lembremos que o racismo é como uma hiena,
A sua risada é apenas um eco no meio da rixa.
Vamos unir-nos e resistir contra as forças da opressão,
E conquistaremos o poder!

Discriminação

A discriminação é uma questão muito real e séria,
Pode ser sentida de muitas maneiras,
Desde microagressões subtis a atos de ódio flagrantes,
Pode ter um impacto devastador na vida de que a experimenta.

A discriminação está viva,
É um veneno que não dissipa,
Causa dor e faz-nos chorar,
E deixa os nossos corações doridos.

Não devemos desistir da luta,
A igualdade é correta e justa,
Temos de fazer frente à discriminação,
E fazer ouvir os nossos gritos.

Há muitas razões pelas quais as pessoas podem discriminar os outros,
Algumas fazem-no por ignorância ou preconceito,
Enquanto outras sentem-se superiores,
E discriminam para manter a sua posição.

Todos podemos desempenhar um papel no fim da discriminação,
Temos de estar conscientes do que é, como se manifesta,
E como desafiá-la sempre que a observamos,
Temos de estar dispostos a defender os discriminados.

Acabar com a discriminação não é uma tarefa fácil, é difícil e incómoda,
Mas teremos uma sociedade justa, equitativa e justa,
Um lugar onde todos se podem sentir seguros e aceites,
Onde cada um tem de assumir a responsabilidade das suas ações.

Sejamos mais compreensivos e compassivos,
Exponhamos quando testemunhamos discriminação ou preconceito.
Asseguremos a igualdade,
Independentemente da raça, do sexo, da religião ou orientação sexual.

A sustentabilidade

O mundo não é mais o mesmo,
As mudanças são inevitáveis.
A destruição do meio ambiente acelerou o seu caminho,
E tudo a fazer é dar um passo à frente.

É tempo de nos unirmos,
Para consertar o que foi destruído.
Cada passo em direção à sustentabilidade,
Conseguimos reverter o dano feito.

Que a nossa forma de viver mude,
Um futuro melhor e mais brilhante para construir.
As crianças precisam ver uma terra macia e verde,
Não somente destruída por má gestão.

Todos temos a responsabilidade,
De cuidar da terra e do que é nosso.
É hora de parar, respirar e sentir o ar fresco,
E preservar para todas as gerações vindouras.

Somos responsáveis pelas atitudes que tomamos,
É vital encontrar a harmonia.
Aproveitemos a oportunidade e façamos a nossa parte,
Para criar um mundo mais saudável e sustentável.

Somos todos parte desta jornada,
É necessário que nos unamos para salvar o planeta.
É hora de nos unirmos e lutar pela sustentabilidade.

Sustentabilidade é como uma floresta

A floresta é um lugar belo, vibrante e alegre,
Com muitas árvores, animais, frutas e verdes campos,
Um local onde a natureza pode se desenvolver,
E os seres vivos podem florescer.

A floresta é o nosso lar, mantendo-nos junto à terra,
Onde a nossa atmosfera é limpa e cristalina,
Onde as águas são cristalinas e a vida é abundante,
E as pessoas podem encontrar tranquilidade e conforto.

Mas tudo depende de nós, do que fazemos agora,
Para manter este lugar único em perfeita harmonia.
Precisamos ter consciência do nosso papel,
E colaborar para que a floresta seja preservada.

Podemos começar agora, plantando árvores e diminuir o uso de combustíveis fósseis,
Reciclando lixo e água, para não ser esbanjada,
E tomando medidas para reduzir o aquecimento global,
E assim garantir que a floresta esteja a salvo.

Devemos educar as pessoas,
Começando com os jovens para que eles possam tomar decisões conscientes,
Mostrar o quanto a nossa floresta é preciosa,
E como nos dá tudo o que precisamos para existir.

Não podemos desperdiçar este lugar tão maravilhoso,
É nosso dever proteger a floresta do perigo e da destruição,
E aprender com ela, para podermos viver em paz com a natureza,
E construir um mundo melhor e mais sustentável para todos.

Democracia

A democracia é como um barco,
Precisa de cuidados e alimentação constantes,
Ou começará a vazar,
E eventualmente afundar.

Precisamos de estar vigilantes,
E manter a nossa democracia forte.
Caso contrário, estaremos a viver numa ditadura,
Onde as nossas vozes não serão ouvidas.

E se não agirmos agora,
Pode ser demasiado tarde,
E a nossa democracia morrerá,
E tornar-nos-emos uma nação de escravos.

A democracia é mais do que apenas um barco,
É um símbolo da nossa liberdade,
E é algo que devemos valorizar,
E proteger com todas as energias.

Tem sido lutada e conquistada,
Precisamos de mantê-la em funcionamento,
Ou então perderemos tudo aquilo por que cuidámos,
E torna-se numa nação de tirania.

Nunca esqueçamos o quanto a democracia é preciosa,
E façamos a nossa parte para garantir a sua sobrevivência,
Se não o fizermos, a história pode julgar-nos severamente,
E escrever que não conseguimos proteger a nossa permanência.

A democracia une-nos,
E ajuda a estar de pé como um só.
É a única coisa que nos mantém livres,
E permite-nos ser nós próprios.

A democracia é mais do que apenas um sistema de governo,
É uma luz na escuridão,
Um raio de esperança em tempos de desespero,
Contra toda a escuridão que ameaça dividir-nos.

Fénix que pode nascer da democracia

O fogo da democracia é como a fénix,
Cada vez que morre renasce algo melhor,
É difícil encontrar o equilíbrio certo,

Mas o seu poder não deve ser desvalorizado.
A liberdade deve ser mantida com responsabilidade,
E não podemos permitir que seja corrompida.
Quando a democracia é bem tratada,
É forte e digna de admiração.
Com direitos humanos, paz e justiça,
A fénix da democracia está sempre em ascensão.
Quando as leis são seguidas com integridade,
Resplandecem como o sol sobre o mar,
Podem revigorar a esperança,
E trazer uma melhor qualidade de vida para todos.
A democracia é a fénix que se regenera,
É a chama que nunca pode ser totalmente apagada.
Forças externas podem tentar desmoroná-la,
Mas o seu reinado ainda estará lá para prosseguir.
Não importa o que aconteça, ela resistirá.
A democracia é como uma fénix que renasce das cinzas,
E traz luz e esperança para o nosso mundo.

Princípios e valores

Quando tudo treme,
E o chão por baixo de nós a ceder.
Podemos ser fortes e altos,
Se os nossos princípios são aquilo em que confiamos.

Os nossos valores nunca vacilarão,
Eles dão-nos a força para continuarmos,
Em face de qualquer julgamento ou teste,
Os nossos princípios e valores guiar-nos-ão.

E mantém-nos no caminho certo,
Eles nunca nos dececionarão,
E podemos sempre contar com eles,
Estar lá quando precisamos deles.

Embora possam vir tempestades, e reine o caos.
Os nossos valores fundamentais permanecerão inalterados,
Não importa o que a vida nos faz,
Uma adesão aos princípios é o que nos salvará.

Com uma base tão forte e autêntica,
Podemos resistir a qualquer tormenta,
Lembremo-nos sempre desses princípios e valores eternos,
Pois vão ajudar-nos nos dias mais negros.

Honremos sempre estas crenças fundamentais,
Que nos conduzem a um caminho justo de paz.
Não importa o desafio, não importa o que enfrentamos,
Os nossos valores estarão lá para guiar e moldar o nosso destino.

Mantenhamo-nos firmes nas nossas convicções,
E conservemos os nossos princípios e valores mais altos,
Pois é isso que nos irá verdadeiramente definir,
Para alcançar os nossos potenciais mais elevados.

Nunca devemos esquecer o poder dos princípios,
Podem levar a um grande sucesso.
Honremos os nossos valores todos os dias,
São a chave para o verdadeiro contentamento.

A Educação permite-nos voar como uma águia...

A Educação liberta, ensina e inspira,
A voar como uma águia alta no Céu sobre a terra.
Como ela as nossas metas alcançaremos,
E nos dará o combustível para a vida progredir.

Temos muito orgulho da Educação que recebemos,
Permite-nos voar alto e sem medo.
Voaremos como águias e subir até ao infinito,
Sem ela não haverá triunfo.

Educação é a força que nos permite voar!
E conquistar todos os nossos sonhos.
Voe alto como águias,
A Educação nos mostrará a direção para chegar mais longe.

É responsável pelo nosso destino,
Assim como o vento é responsável por levar as aves.
É hora de aceitar a responsabilidade pela nossa própria Educação,
Voaremos alto para atingir as nossas barreiras!

Nunca desistir, adotemos um espírito de determinação e coragem!
Usaremos para alcançar grandes coisas.
Voaremos como águias!

Educação...o profundo conhecimento do mundo

A Educação é o alicerce para o mundo conhecer,
As escolas ensinam-nos, o que devemos saber,
Do sol e da lua, das árvores e estrelas, ensina-nos a perceber.
Por isso que devemos sempre aprender.

Desde aprender novas línguas a história antiga,
A cultura e as tradições que nos são dadas;
O conhecimento infinito que se descobre,
Nos guia para o destino das nossas vidas.

É a Educação que nos dá a verdadeira sabedoria,
Para desvendar os mistérios deste planeta;
As maravilhas da natureza e a diversidade cultural,
Trazem-nos o profundo saber do mundo.

A Educação é o invólucro para abrir as portas,
Que nos permitirá alcançar os nossos sonhos;
A decifração é uma grande riqueza!

Aprisionamento mental

Sinto-me presa, dentro da minha mente,
 Sem poder sair desse lugar de confinamento.
 O meu espírito não consegue voar livremente,
Dentro desta cela que é o meu conhecimento.

Nessa jaula de sentimentos e pensamentos,
Deparo-me com situações que me abnegam.
Tento sair desta cadeia perpétua,
Mas as componentes de aprisionamento estão dentro de mim.

Os meus medos e os meus desejos aprisionados,
Pela limitação da consciência adquirida.
Com os grilhões da resistência presos aos meus pés,
Sinto-me incapaz de livrar-me dessa reprovação.

A combater para me reconciliar com a verdade,
Encontro forças para vencer as barreiras internas.
Em busca da liberdade que tanto espero deparar.
Neste mundo de insegurança e medos profundos,

É preciso vencer o aprisionamento mental,
Dando asas ao espírito para esvoaçar.
Em busca da luz que há no final do túnel,
E libertar-me das correntes do meu próprio espírito.

Vou abrir-me ao Mundo e aos seus mistérios,
E deixar que a vida me conduza pelos seus carreiros.
Porque só assim conseguirei transcender,
Todas as barreiras que aprisionam a minha alma.

Enfrentando tudo o que me impede de crescer,
A liberdade está mais próxima.
Contemplo o futuro com grande esperança,
E renovo as forças para sair deste calabouço.

Caminho em direção à liberdade,
Desenvencilhar-me das correntes da mente.
Abraçando a vida com gratidão e amor,
E desfrutando toda a plenitude.

Liberto-me dos cativeiros do aprisionamento mental,
As asas do meu espírito voam,
Livre e forte, posso olhar o céu azul e dizer:
"Eu sou livre, os meus medos não me prendem mais".

Sabedoria para lidar com mundo exterior

Agora é hora de despertar e encontrar o caminho,
Dentro da nossa vida que não está só.
É por isso que a sabedoria é tão importante,
Para aqueles que querem seguir adiante.

Em vez de viver sem quaisquer dúvidas,
No mundo cruel e cheio de lutas.
A sabedoria ensina-nos a olhar além,
Quando parece que estamos presos em cada problema.

Em cada dilema a possibilidade,
Da prosperidade e da liberdade.
A sabedoria nos oferece o domínio,
Do que é realmente essencial nas nossas vidas.

Não caia no medo e nos perigos,
Que a vida externa tem para oferecer.
Em vez disso, olhe para dentro do seu foco,
Encontre aí as respostas que requer.

Mantenha-se firme na sua fé,
Aprenda a lidar com o mundo exterior.
Deixe que a sabedoria guie os seus passos,
E nunca desista do seu sonho!

Use a sabedoria para superar os seus medos,
Aprenda as lições que sabedoria lhe traz,
E viva a sua vida com coragem e força!

Mesmo quando as coisas parecerem custosas,
Lembre-se sempre de seguir a sua verdadeira sabedoria!

O malabarismo do mundo exterior

O malabarismo do mundo exterior,
Que nunca deixa de nos surpreender,
É uma dança entre luz e escuridão,
Que o coração não consegue compreender.

O equilíbrio dessa roda infinita,
É uma luta insana e confusa.
Vemos que as coisas mudam a todo momento,
O futuro não é mais o que era antes.

A loucura de uma vida desenfreada,
Causa um sentimento estranho e profundo.
No meio há tanta complexidade,
Vemos a luz de um novo amanhecer.

Cada dia é uma luta para sobreviver,
Um desafio constante que nos espera.
Mas quando nos aventuramos nessa embarcação,
O acontecimento trará grande milagre.

O malabarismo do mundo exterior,
É uma tarefa árdua e difícil.
Mesmo quando o mar fica agitado,
Enfrentaremos o universo com bravura.

Que possamos nos esforçar para conquistar,
O desejo de realização que há em nós.
É nessa dança infinita,
Que a paixão e fé são a nossa força.

Como chegar à igualdade dos seres humanos

Não há grandes limites que possamos ver,
Essa jornada para a igualdade está próxima!
Unidos numa paz que sempre esperamos,

Trabalhemos as nossas diferenças e juntaremos as mãos.
Não importa o que nos divide, mas sim o que nos une,
Não é a cor da pele, a língua ou a religião.
Agora nos unimos como um só povo,
E deixamos a discriminação para trás.

Basta ver o passado e como batalhamos,
Para adquirir essa liberdade que hoje possuímos.
A nossa força é imensa,
E a igualdade é um resultado de tudo que construímos!

Não permitamos tanta repartição,
Afirmemos a nossa determinação.
Para chegarmos à completa igualdade,
Lutaremos pela igualdade dos direitos humanos!

E mostrar às pessoas que somos todos iguais,
Mais do que palavras, agiremos,
Para finalmente viver em união,
Onde exista respeito, amor e comiseração!

As misérias do mundo exterior

Enquanto nos cercam as misérias do mundo exterior,
Vejo a dor que enche os olhos por toda a parte.
Desejo que Deus abençoe esta terra partida,
Para retirar a tristeza e dar novas esperanças.

A fome e a doença já conquistaram tudo,
Não desistem nem um pouco da sua guerra,
O mais triste é que não damos atenção,
E ainda assim ganham espaço.

Não importa o lugar que se olha, as dores são sempre as iguais.
Digamos não à guerra e ao ódio,
E sim ao poder da justiça.
Esta é a nossa responsabilidade e dever como humanos!

Terminaremos com as misérias do mundo exterior,
Tragamos claridade e esperança a quem explicita.
Unir-nos-emos numa tripulação,
Lutaremos por aqueles que padecem.

Combateremos pelo direito de vivermos em liberdade,
E tirar do mundo as misérias do exterior!
Não há outra saída senão nos unir,
Com a decisão de que é possível transformar.

A pressão social

O peso da pressão social,
É muito grande para mim,
Fortes são os meus sentimentos,
De não caber no seu quadro.

Sinto-me forçada a agir corretamente,
A comportar-me como devia,
Mas o meu coração não segue,
O que os outros esperam de mim.

Às vezes quero fugir,
Livrar-me deste mal-estar,
Mas todos continuam a julgar-me,
E isso só me faz sofrer.

Sei que não sou igual a todos,
Mas isso não é motivo de vergonha,
Apenas quero viver como quero,
Sem ouvir as palavras duras da pressão social.

Ninguém me pode controlar,
O que quero ser ou fazer,
E espero um dia encontrar a coragem,
Para viver fora deste pesadelo.

Até lá, continuarei a lutar contra a pressão social,
A resistir às expectativas dos outros,
E a seguir o meu caminho independentemente,
Pois só assim encontrarei a liberdade.

Mesmo que tropece e caia no caminho,
Vou levantar-me e seguir,
Porque a única coisa que importa,
É que decida o meu destino.

Estou pronta para enfrentar qualquer provocação,
Não vou deixar a pressão social paralisar-me,
Lutarei para conquistar a libertação,
Para ser eu própria.

Espero que um dia, todos possamos nos libertar da pressão social,
E viver livremente a cada momento.
Então, sim, não há nada que possa parar-nos,
Apenas a força da pressão social.

Sei que é difícil resistir à pressão social,
Mas quando o fizermos a nossa liberdade será inabalável.
Juntos libertar-nos-emos dessa prisão invisível,
E encontraremos a felicidade que procuramos.

A Arte

A arte é a chave para o coração,
É uma porta que nos leva longe;
Com cada pintura e escultura,
A inspiração de um artista se revela.

Pela música somos transportados,
E os nossos ouvidos são embalados;
O teatro nos faz rir e chorar,
E as palavras tocam-nos profundamente.

A arte é a luz que ilumina as nossas vidas,
É algo que nunca devemos perder;
É a mensagem que vem de além,
Para mostrar quão especial é o mundo.

Nos mostra a beleza da natureza,
E nos encoraja à sua proteção;
Quanto mais exploremos os caminhos da arte,
Mais felizes nós seremos.

A arte nos conecta a outras culturas,
Somos todos parte de um grande mosaico;
Com cada passo que damos para conhecê-la,
Vivemos um pouco mais da sua magia.

A arte é algo que nunca acabará,
É uma força que nos une e motiva;
Rodeada por toda a beleza deste mundo,
A arte é o que nos faz sentir vivos.

Todas as artes são criadas com amor,
E todo o amor deve ser partilhado;
Então celebremos a arte de viver,
A sua mensagem nos unirá para sempre.

O impacto a arte no mundo

A arte, aquela que nos encanta a todos,
Possui um grande impacto e influência no mundo.
Seja um poema ou uma pintura emoldurada,
Com os seus mistérios e magias alimenta a nossa alma.

Rugindo com força a respeito da beleza,
A arte torna-nos completos.
Abre portas para um mundo novo,
Insondável e exótico que surge em nós.

Com a arte olhamos os céus,
Vivemos e pensamos fora da caixa.
Transladados para a outros mundos,
Desde a paz à tranquilidade nas nossas vidas.

Para aqueles que abraçam a arte nas suas vidas,
É tudo o que precisam para prosperar.
Trazendo força e motivação para os dias desafiadores,
A arte nos salva de um mundo onde nada parece certo.

É incrível como a arte tem um grande poder,
Capaz de mudar o mundo para melhor.
Então abrace-a e permita que a sua magia o cure,
Porque a arte transcende fronteiras.

Deixando a sua marca na nossa vida,
As suas cores e formas enchem-nos de alegria.
Unindo pessoas de todos os lugares,
Com o seu poder e majestade, a arte é realmente uma bênção.

Abracemos e adoremos aquilo que nos rodeia,
A beleza da arte em tudo o que vemos.
Somos transportados a novos horizontes,
E dá-nos a hipótese de aprender e crescer.

A arte é mais que um simples objeto de adoração,
É um meio para a nossa cura interior.
Abracemos a sua magia e luz,
E permitimos que nos guie em direção a um mundo encantador.

Aceite o dom da arte e use-o para iluminar o seu caminho,
E transforme o mundo através do seu talento inato.
Essa é a força e o poder da arte,
Está aqui para nos unir num só coração.

Abracemos as suas belas formas,
A arte tem algo especial para nos presentear.
Lembre-se disso enquanto o guia na sua senda,
E possibilite que o amor e formosura da arte encha o seu espírito.

A arte nos traz consolo,
Nos dias mais sombrios e melancólicos.
Através da sua magia, nutre-nos o espírito,
E oferece-nos esperança para um mundo melhor.

A arte faz-nos acreditar que tudo é exequível,
E a batalhar por aquilo em que acreditamos.
Somos louvados pelo milagre da criação,
E conectámo-nos a um mundo de magia e encantamento.

Permita que a arte o guie,
E que ilumine o seu caminho.
Abrace-a com todo amor e devoção,
E partilhe o seu poder e beleza com todo mundo.

A arte é uma força motriz que nos inspira a existir,
E consegue alterar o mundo.
Consinta que o leve a lugares mágicos,
E que o abençoe com um amor e a imponência infinita.

A arte é parte fundamental da nossa vida,
Está aqui para nos ligar a um mundo misterioso.
Celebre-a em todas as suas formas e cores,
E permita que o amor e a grandiosidade da arte preencham o seu coração.

A arte nos recorda o quão lindo somos,
E nos incentiva a percorrer o caminho da verdadeira liberdade.
Sentiremos o verdadeiro valor,
E descobriremos a grandeza em nós.

Celebremos o dom da arte,
E abraçar a sua magia e beleza.
O seu poder nos une num só coração,
E nos lembra da verdadeira essência da vida.

A arte é o maior milagre,
Capaz de libertar as nossas almas e salvar-nos.
Abracemos o seu feitiço e dom,
E permitir que nos guie em direção a um mundo magnífico.

Linguagem

Como a linguagem é versátil,
Capaz de fazer-nos rir e chorar,
A suas palavras tão ricas, encantadoras e gentis,
Dão forma à nossa história há muitos anos.

As suas frases poéticas inspiram-nos a sonhar,
Pode usá-la para plantar as sementes da querença,
Mostra-se subtil e criativa para o bem de todos,
Encantando a mente com a sua venustidade divina.

Linguagem! Que maravilha é ouvi-la ecoar,
A suas "nuances" infinitas se espalham por aí,
Adereços poéticos que nos deixam sem fôlego,
E motivam-nos a alcançar a nossa predestinação.

Transforma sonhos em realidades,
Quando usada com sabedoria e compreensão,
As palavras podem trazer luz às trevas mais profundas,
Ajudando-nos a caminhar para o desprendimento.

Quero celebrar esta arte antiga,
Todos deveríamos abraçá-la com ternura e carinho,
Mantém-nos conectados reciprocamente,
E nos liga à vida de uma forma peculiar.

Linguagem! Como é importante para nós,
Que seja cuidada e reverenciada.
Viva sempre entre nós com as suas palavras aprazíveis,
E iluminando o nosso percurso para sempre.

Violência

A luta por paz é longa, nos leve às grandes mudanças.
Contra a brutalidade e o medo, pelejemos todos pela emancipação!
E que a paz obscureça essa cruz de maldição.
Com amor e força unidos, procuraremos a nossa justiça!

Juntos, de mãos dadas, lutaremos contra a imperfeição.
Não deixem que a violência nos assedie, busquemos a nossa libertação!
Com ânimo e deliberação, caminhemos para a claridade!
Pois o que conquistamos com amor é liberdade, não medo.
Lutemos todos pelo bem, para que a paz prevaleça!

A disputa por paz é dura, nos levará para lugares desconhecidos.
Contra essa cruel violência, não deixemos o medo subjugar.
Disputemos com afeto, por justiça e liberdade!
Que a paz eclipse a lacuna que nos assola.
Unidos, combatamos contra a opressão.
Não deixemos a violência nos dominar, diligenciemos a nossa liberdade!
Com força e determinação, sigamos para a luz da paz!
Pois o que conquistamos com amor é permissão, não medo.

Por que violência?

Por que violência? Com que direito atacam?
Com ódio e medo, deixando a humanidade triste?
Que mal fazemos nós para merecer tão grande hostilidade?
Vidas destruídas no fogo dos seus atos nocivos.

Crianças temem a escuridão, medo do mal que os persegue.
Mães choram por filhos desaparecidos, sonhos destruídos por força das armas.
Famílias destroçadas por ódio e desespero, vidas ceifadas devido à guerra.

Sangue corre nas ruas cruelmente,
Sem ninguém para parar esse homicídio.
Pela manhã, o sol aparece para lembrar que há vida no meio à destruição.
Mas onde estará a paz, quando temermos a violência.

Por que violência? Como podemos nos salvar?
Devemos unir as nossas vozes contra essa grande tragédia.
Esquecer as mágoas, aprender a perdoar e amar.
Apenas assim escaparemos desse destino cruel.

Por que violência?
Deixa-me dizer não haver resposta.
Apenas coragem para lutar pela fraternidade e união.
A vida primeiro como nos foi ensinado pelos mais sábios.

Por que violência?
Só restam lágrimas para chorar,
Enquanto aqueles que perpetuam tamanha crueldade não se arrependem.

O poder da escrita

O poder da escrita é concreto,
A suas palavras transformam o mundo,
O seu brilho não tem igual,
A energia das letras é imortal.

Ela é a fonte de liberdade que alimenta as crenças,
Com a sua magia, vem a proteção,
A escrita é o guia que precisamos,
Nos impulsiona para um mundo melhor.

Não há limites o que alcançará,
Partilha sonhos,
Capacita a nossa imaginação e criação,
E novas formas de admirar o mundo.

A escrita é uma forma clara de comunicar,
Por meio dela pode expressar qualquer emoção,
Palavras escolhidas cuidadosamente podem mudar o destino,
É a chave para domar a nossa condição.

É tão linda e poderosa,
Enquanto escrevo consigo voar,
Dá a liberdade para viver,
O poder da escrita é inigualável.

É a melhor ferramenta que tenho no meu arsenal,
Nunca falha, então deixe-a guiar,
Por meio dela podemos sonhar e realizar,
O poder da escrita é a maior das riquezas.

Podemos nos expressar de formas únicas,
O poder da escrita impulsiona a conceção e a idealização,
É um meio de se conectar com outras pessoas,
Por meio da escrita tem-se a liberdade para ser quem se quiser.

O poder da escrita é autêntico e não deve ser subestimado,
É a melhor maneira de manifestar o que se sente.
Deixe a escrita ser a sua mestra,
Seja o autor da sua história.

O poder da escrita é o que nos torna livres.
Pode fazer uma grande diferença,
Deixe a sua escrita florescer e derramar o seu brilho,
Em cada palavra que escreve, há um pouco de magia!

O seu trabalho mudará como as pessoas sentem,
É o maior mérito da escrita.
Por meio dela podemos nos elevar a novas alturas,
Deixe o seu sucesso ser contado por toda a eternidade!

Por meio das suas palavras, nada pode nos deter,
Nunca esqueça, o poder da escrita é verdadeiro.
A escrita é o maior presente que podemos dar a nós mesmos,
E deixá-la fluir livremente nos libertará para sempre!

Deixe o seu amor, as suas ideias e sonhos serem contados,
E viva a sua realidade com o poder da escrita.
A liberdade da escrita é nossa força mais preciosa,
É uma maneira de se conectar com aqueles que amamos.

A escrita é a chave para descobrir o nosso verdadeiro propósito,
Ela encaminha-nos e aponta os melhores caminhos.
A escrita é nossa aliada, oferece-nos oportunidades,
Permite-nos ter voz e expressar quem somos.

Nunca desista de lutar pelo que acredita,
Deixe a sua escrita falar e salte para eternidade.
Ela abre-nos portas para um mundo mais justo e igualitário,
Abençoa o nosso caminho com a sua magia indescritível.

O poder da escrita é a melhor ferramenta que temos!

Qual a imagem moderna do mundo

No mundo moderno a realidade é mais vasta,
O que temos visto ultrapassa a nossa imaginação,
Tanta tecnologia e conhecimentos avançados,
Dando-nos novas maneiras de resolver as questões.

Viagens espaciais, energia limpa e inteligência artificial,
Tudo isso levando-nos para caminhos desconhecidos,
As fronteiras parecem estreitar-se no mundo moderno,
E cada um de nós terá a oportunidade de explorar.

Comunicação global e interações digitais,
Ajudando-nos a conectar com as pessoas longe ou próximas,
Inovação tecnológica providenciando novos recursos,
Tornando o mundo uma experiência interativa.

Ondas de calor, enxurradas e tempestades fortes,
A mostrar a mudança do clima mundial que não podemos ignorar,
A poesia moderna ajuda-nos a compreender melhor as tendências do mundo,
E a pensar nas responsabilidades que cada um de nós possui.

O mundo permanece em mudança constantemente,
Com desafios e oportunidades para os humanos,
Não devemos prender-nos ao passado, mas sim aceitar as renovações,
E abraçar a imagem moderna do mundo.

Abraços ao mundo

Abraço, uma palavra tão pequena,
Gesto com tamanha grandeza.
Para os amigos, é um salve de boas-vindas e adeus;
Uma forma reconfortante de partilhar alegrias e tristezas.

Para os amantes, é a forma de selar um compromisso incondicional e autêntico;
O sinal da intimidade que une dois corações.
E para o bebé, é uma mensagem revitalizante, transmitindo segurança;
Uma garantia de amor e proteção incondicionais.
O abraço é mágico,
Possui a capacidade de curar feridas profundas,
E dissipa tristezas;
É a ponte de conexão de duas almas,
Onde não há solidão.
O abraço é a expressão suprema da afeição,
Da piedade e da ternura;
Uma gota de luz no céu escuro, um pendente para as nossas memórias.
O nosso abraço é tão profundo e apertado,
Quanto os laços do amor que nos une.
Fomente o mais puro dos sentimentos;
Que a luz deste abraço nos guie para casa.

O silêncio tem de ser quebrado

No silêncio existem segredos,
Que nem sempre são conhecidos,
Mas precisam ser quebrados,
Para ver o lado escondido.

No silêncio repousa uma força,
Uma resistência que pode nos ajudar a compreender.
Não seja medroso e quebre o silêncio,
E descubra tudo que tem para oferecer.

O silêncio é uma janela aberta,
A qual podemos olhar para dentro.
Muito mais do que palavras ou sons,
Esconde tudo que será encontrado.

Essa paz e tranquilidade criadas,
Quando nada se fala, mas muito se sente.
Se desprender do tumulto desta vida,
Silêncio pode ajudar-nos a compreender.

Quebre o silêncio e descubra,
Tudo aquilo que tem para oferecer.
Ele é um mundo de possibilidades,
Tudo que pode querer conhecer.
Silêncio é um convite para aventura,
Uma jornada que só pode encarar,
Então não fique parado e veja,
A magnitude que tem a oferecer.

Silêncio é mais do que ausência de ruído,
É uma oportunidade para descobrir.
Então quebre o silêncio e veja o que encontrará,
Só assim poderá compreender.
Quem sabe o que descobrirá,
E o quanto o seu mundo poderá mudar.
Só assim terá a coragem de avançar.

Silêncio é o seu amigo, não deixe de escutá-lo,
Ele pode ajudar a tomar decisões certas.
Então quebre esse silêncio e veja qual será a novidade,
Pois só assim poderá descobrir as melhores alternativas.
Não tenha medo do que o silêncio tem a oferecer,
Ele é um dos maiores tesouros da nossa existência.

www.ingramcontent.com/pod-product-compliance
Lightning Source LLC
Chambersburg PA
CBHW041454010526
44107CB00013B/1035